AF257305

DE L'ACHÈVEMENT DU PORT

PAR LA

COMMUNE ELLE-MÊME

Par J. HERMANN.

ILE DE LA RÉUNION,

IMPRIMERIE DURVANT, A SAINT-PIERRE,

RUE DE LA PLAINE.

1879

DE L'ACHÈVEMENT DU PORT

Par la

COMMUNE ELLE-MÊME

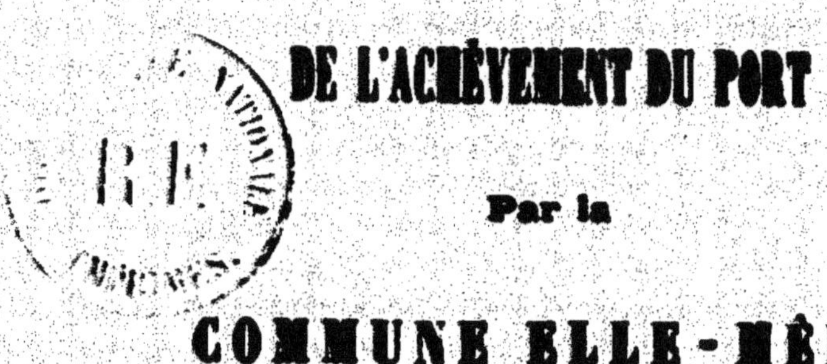

DE L'ACHÈVEMENT DU PORT

Par la

COMMUNE ELLE-MÊME

---

§ I

CONSIDÉRATIONS HISTORIQUES

Dans une récente réunion, à la suite de la proposition de M. Désiré Barquissau demandant le maintien de la Société du port de Saint-Pierre avec une réduction dans le capital fixé d'abord, nous avons dit qu'il serait peut-être de bonne administration pour la commune de faire cesser le désarroi où se trouvaient alors les souscripteurs de Saint-Pierre, en s'emparant du traité Conil et Lapeyro tel qu'il a été proposé pour la future Société, et en se substituant dans ce contrat aux trois membres fondateurs de la société. Et dès lors, nous avons ajouté que toute notre proposition se résumait dans cette question : Les ressources de la commune lui permettent-elles de s'engager pour deux millions ?

Ce chiffre de deux millions, qui n'était pas effrayant pour une modeste Société ne devant se composer que d'une partie des propriétaires de Saint-Pierre, a semblé à diverses personnes présentes à la réunion dont nous parlons, (bien qu'aucune discussion n'ait eu lieu à ce sujet) beaucoup trop élevé pour notre commune, dont le budget ordinaire est d'environ 375.000 francs, qui le porterait facilement avec des centimes additionnels à 450.000 francs, et qui le verrait certainement s'élever à plus de 700.000 francs le jour où, propriétaire du port et des priviléges qui en dépendent, elle aura d'autres revenus que ceux des impôts actuels pour faire face à ses engagements.

Une lettre récente de M. Conil, offrant à la commune de Saint-Pierre une autre combinaison qui se rapproche de la nôtre, nous commande de revenir sur cette question de port.

Nous entreprendrons donc de développer notre proposition, et notre étude aura par suite son utilité pour l'offre de M. Conil, puisque dans l'une ou dans l'autre combinaison tout se résume dans cette question : la commune peut-elle souscrire à un contrat de deux millions, que ce soit par un emprunt direct ou par une garantie d'un minimum d'intérêt? Nous démontrerons que la commune n'a plus qu'à choisir entre ces nouvelles propositions ; que, pour ce qui concerne la nôtre, elle peut sans crainte de se compromettre signer ce traité de MM. Conil et Lapeyre dont les clauses lui seraient extrêmement favorables ; ses ressources lui permettant très-bien de s'engager pour deux millions surtout dans les termes du traité dont il s'agit.

Et nous n'aurons plus d'autre preuve à faire.

Il serait oiseux d'établir aujourd'hui l'absolue nécessité où se trouve Saint-Pierre d'avoir un port approprié à ses besoins. C'est une vérité que nous pouvons affirmer sans crainte d'être contredit. Un tort considérable, dans un avenir peu éloigné, sera donc fait à Saint-Pierre dont le mouvement maritime et le haut commerce disparaîtront forcément, par suite de la voie nouvelle que vont suivre à l'avenir nos marchandises et nos denrées. Il y a lieu à tout prix d'achever notre port, puisque c'est le seul moyen que nous ayions à notre disposition pour conjurer le danger, puisque ce port ne doit nous coûter après tout que deux millions et qu'en les dépensant nous empêchons nos industries de péricliter, notre commerce de disparaître, nos propriétés de se déprécier, nos professions de s'annihiler. Et Dieu sait de combien de millions se chiffreraient alors réellement nos pertes si encore une fois nous ne faisons rien pour nous sauver de la ruine !

Voyons donc s'il y a opportunité pour la commune de Saint-Pierre à faire elle-même son port, et si elle doit désespérer de tout concours étranger.

Ce port pouvait être en effet créé de diverses manières. La métropole, la colonie, la commune, des compagnies étrangères, des particuliers et des sociétés locales pouvaient l'entreprendre.

La Colonie l'a commencé, et allait le terminer sur un plan modeste, quand le projet grandiose de M. Prozinski éveilla les susceptibilités de notre capitale et fit craindre à celle-ci pour sa suprématie coloniale. Un rapport administratif de l'époque, rédigé sous l'empire de ces craintes égoïstes, acheva de nous faire perdre la faveur du pays. Et bientôt le Conseil général, sous le prétexte que la Colonie était impuissante à achever ces travaux, abandonna les projets primitifs, et fit en 1867 cession du port à la commune de Saint-Pierre, à la charge par elle de les terminer comme elle le pourrait. Ce qui n'a pas empêché la Colonie quelques années plus tard, et alors qu'elle était plus obérée qu'en 1867, de voter, sous l'empire d'autres influences, des sommes considérables pour l'établissement d'un chemin de fer dont la nécessité pour le pays n'était pas démontrée. Or, pouvons-nous espérer que la Colonie consente jamais à utiliser les travaux existants, alors qu'elle a refusé de le faire quand elle était en présence d'un seul port en voie d'exécution et alors qu'aujourd'hui elle a déjà voté des subventions pour une entreprise autre que celle de Saint-Pierre? Toute porte de ce côté est donc bien fermée à l'espérance!

La commune de Saint-Pierre, devenue propriétaire et concessionnaire du port, fit-elle quelque chose pour obtenir tout autre aide que celle de la Colonie, celle de l'État par exemple, ou pour favoriser la création de compagnies étrangères? Nous serions injuste si nous méconnaissions qu'à l'origine on ait tenté d'attirer sur nos travaux l'attention métropolitaine. Avant comme après la concession faite par la Colonie à la commune, M. le Maire actuel qui avait alors toute sa foi, toutes ses illusions, fit d'actives démarches; il écrivit à plusieurs grands entrepreneurs de travaux, à M. de Lesseps notamment, nous vîmes même plusieurs articles et plusieurs notes de lui dans les journaux; il est vrai que M. le maire faisait erreur quand il offrait, aux spéculateurs et aux capitalistes avides de gains, comme seul produit du port, le droit de quai concédé par le gouvernement, oubliant les autres droits considérables qui se perçoivent sur tous les mouvements à l'intérieur. Mais peu importe! Nous constations alors chez notre maire le sincère désir de bien faire et nous étions témoins de ses louables efforts et des démarches qu'il faisait.

Mais, hélas! ce fut là, il faut le dire, un feu de paille! Bientôt fatigué, désillusionné, désespéré du succès, M. le maire comme persuadé de s'être heurté à une impossibilité et d'avoir suffisamment tenté de la vaincre, se renferma, dans un noble repos, *otium cum dignitate!* et se dit que le meilleur moyen peut-être d'arriver à posséder un port était de ne rien faire. Il ne fut pas seul à agir ainsi, et, pour parler vrai, nous fîmes tous comme lui.

Avec une profonde naïveté, nous attendions une heure de la faveur gouvernementale tant il semble assuré qu'un instant de protection vaut mieux que bien des années de service ; et, sans même l'appeler ni le rechercher, nous attendions l'exécuteur de ces travaux ! Nous sommes d'autant plus coupables de cette naïveté que pendant ce temps Saint-Paul agissait, Saint-Paul travaillait, Saint-Paul, qui compte à sa tête le maire dévoué et actif par excellence, ne désespérait pas du succès malgré tout l'avantage qu'avaient paru donner jusqu'ici à Saint-Pierre et la faveur de deux gouverneurs, et son commerce considérable, et la richesse de son sol, et son port naturel, et ses travaux déjà faits !

Nous n'avons pas à nous étendre davantage sur ces faits de notre histoire, mais toujours est-il qu'il est trop tard aujourd'hui pour compter sur un secours quelconque de la Métropole malgré toute l'ardeur, l'activité, la diplomatie, l'intrigue, que nous voudrions apporter dans nos démarches et qui, dans le passé, nous eussent assuré le succès. L'État ne peut plus nous aider d'un centime sans violer le contrat qui l'unit à la société de la Pointe des Galets, à moins toutefois que la théorie récente qui veut établir que c'est l'État qui fait le port et le chemin de fer ne finisse par triompher. Mais, en attendant, l'État, religieux observateur des contrats, ne subventionnera pas la commune de Saint-Pierre pour l'achèvement de son port, mais il ne prendra aussi aucune décision injuste à notre égard ; son rôle se bornera à nous laisser faire, car il ne lui appartiendra pas de s'opposer à notre entreprise pas plus qu'il n'a le droit, quelque soit son intérêt, d'anéantir les efforts de l'initiative individuelle dans la lutte de l'existence.

Nous pouvons au contraire compter sur toutes les sympathies du gouvernement actuel, en voyant l'essor considérable qu'il donne actuellement aux travaux publics sur tout le territoire français. Le récent voyage de M. de Freycinet à travers la France nous le prouve. Que de millions distribués par lui sur son passage pour les chemins, les canaux et les ports ! Partout l'illustre ministre a donné l'impulsion à tout ce qui n'avait été sous le gouvernement antérieur que projets ébauchés ; et même à la Rochelle, la ville déchue de son antique splendeur maritime par le voisinage et l'importance de plus en plus grande de Rochefort, il a tenu à proclamer ce principe que la France n'était pas intéressée à l'appauvrissement d'une localité au profit d'une autre et il a promis l'efficace concours de l'État pour rendre à la Rochelle son ancienne prospérité.

Si nous n'avons plus à compter sur les subventions coloniales ou métropolitaines, il ne nous appartient peut-être plus d'espérer qu'une compagnie étrangère se forme en vue de prendre la concession du port de Saint-Pierre. Ce qui était possible, il y a quelques années, ne l'est plus aujourd'hui que nous sommes en présence de notre redoutable concurrent de la Pointe des Galets, et que, par son établissement parmi nous, il a discrédité nos travaux à l'extérieur.

Aussi dès le jour que le projet de la Pointe des Galets fut approuvé par l'État, nous n'avons plus eu qu'à nous confier dans le salutaire axiome : Aide-toi et le ciel t'aidera. Et nous l'avions parfaitement compris, quand en mars 1877, à l'arrivée du courrier de France qui nous apportait cette nouvelle, toute la population de Saint-Pierre se porta vers les listes de souscription et, en quelques jours, offrit 1.250.000 francs pour la constitution d'une société locale.

Malheureusement l'administration se chargea de porter le coup de mort à ce patriotique élan, quand elle refusa, sur les démarches de la Société de la Pointe des Galets, de sanctionner la cession du port de Saint-Pierre par la commune aux fondateurs de notre société locale. Ceux qui intriguèrent et poussèrent l'administration dans cette voie déplorable savaient ce qu'ils faisaient ! Ils n'ignoraient pas que le meilleur palliatif des grandes surexcitations humaines est encore le temps, et que tout le salut de nos adversaires ne pouvait résider que dans une science heureuse de la temporisation.

C'est ainsi que la délibération du conseil municipal de Saint-Pierre fut enfouie dans les cartons, et à la dernière heure, au moment du départ de la malle, le directeur de l'intérieur faisait savoir qu'on en référerait au ministère. Ah ! si à ce moment la municipalité Saint-Pierroise s'était émue, si le maire s'était transporté à Saint-Denis et eût fait une démarche directe auprès de M. le Gouverneur pour lui représenter le danger et l'injustice d'une telle mesure, le recours au ministère n'aurait peut-être pas eu lieu, et la délibération du conseil municipal de Saint-Pierre eût été sans doute approuvée *hic et nunc*. Mais le maire se contenta de protester, noblement et dignement il est vrai, dans une lettre officielle. La protestation, comme on dit, passa comme une lettre à la poste, et le tour fut joué à Saint-Denis par ceux à la combinaison desquels nous devions le recours au ministère.

Bien des mois se passèrent avant que le gouvernement métropolitain eût reconnu les droits de la commune de Saint-Pierre, et eût donné l'ordre d'approuver la délibération du conseil municipal. Pendant ce temps, Saint-Pierre, las d'attendre cette concession qui nous devenait dès lors indispensable pour constituer notre société, était revenu à son travail, à ses préoccupations de chaque jour. On prit l'habitude d'attendre et on se désintéressa de cette question de vie ou de mort pour la commune, les anciennes ardeurs s'affaiblirent, les promoteurs de l'entreprise perdirent leur zèle et commencèrent à douter de la réalisation de leur projet.

Et quand enfin, la réponse favorable du ministère nous parvint, quand le Comité du port après huit séances de nuit eut préparé tout le dossier de la société, quand les appels de versement furent adressés à chaque souscripteur, il arriva... ah ! il arriva ce que chacun sait !

Qu'on nous permette de ne pas nous arrêter à cette page malheureuse de nos annales communales ! Qu'il nous soit permis de ne pas rappeler les causes qui ont anéanti notre beau mouvement du mois de mai 1877 et fait de notre société une œuvre mort-née ! Le ridicule de l'insuccès peut rejaillir sur nous tous qui sommes de cette commune. Mais pourquoi revenir sur des faits dont la discussion pourrait nous diviser plus que jamais, et travaillons plutôt à rester unis, car nous avons besoin de l'être encore et toujours et principalement dans la dernière tentative qui nous reste à faire pour avoir un port.

Aussi chercher encore aujourd'hui à fonder une société essentiellement locale, même avec un capital très-réduit, est chose inutile ! Nous avons été témoins des tentatives de M. Désiré Barquis-au pour reconstituer notre société à un capital moindre. Mais l'enthousiasme ne se refait pas et ne peut plus revivre, surtout quand le découragement et une profonde affliction se sont déjà emparés des esprits. Et c'est le cas pathologique qu'a présenté la commune de Saint-Pierre depuis qu'il est avéré pour elle que les fonds souscrits ne rentreront pas.

§ 2

TRAITÉ COSIL ET LAPEYRE

Une société locale ne pouvait se fonder qu'avec l'union la plus parfaite entre les habitants, et le concours sérieux des grands propriétaires, qui avaient patroné l'œuvre. Ce concours disparaissant, il n'y faut plus songer, pas plus que nous ne devons encore compter sur l'État ou la Colonie !

Mais si l'aide de la commune peut nous être acquise, il nous reste encore divers partis à prendre, et, pour être les derniers, ils en seront peut-être les meilleurs.

Voyons donc s'il est permis à la commune de succéder à notre société dans le traité de MM. Conil et Lapeyre !

En quoi consiste ce traité ?

Le projet d'acte a été distribué aux souscripteurs du Port en même temps que l'acte de société. Chacun a pu et peut encore le parcourir et l'approfondir.

Ce traité a été dressé par le comité du Port et M. Conil, après de longues séances de discussion. Mais tout le mérite de cette œuvre, pour ce qui concerne Saint-Pierre, doit revenir principalement au membre éminent du comité du Port, que nous serions heureux, quant à nous, de voir revenir aux affaires publiques, pour la bonne administration de la commune et même du pays.

J'ai nommé M. Jules Tiphaine, qui, dans toutes les études et les travaux auxquels le comité du Port dut se livrer, a tenu à lui porter son concours le plus actif et le plus sincèrement dévoué. Ce fut un des rares bonheurs de notre société naissante, que de compter notre honorable concitoyen au nombre de ses fervents défenseurs ; et l'on peut dire qu'une œuvre ainsi patronée porte en elle un germe de succès qui se révélera tôt ou tard, malgré tous les échecs qu'elle peut éprouver à son début, malgré la lutte inavouée des petites haines, des mesquines jalousies, des susceptibilités froissées qui savent travailler contre elle et s'unir au besoin.

M. Tiphaine, dans ce traité, s'attacha à écarter tout risque et péril pour la future société, et dans toutes les concessions qu'il demanda à M. Conil, il s'efforça d'établir que nous avions à faire une œuvre qui inspirât confiance à la population et qui fût à l'abri de critiques et de méchantes interprétations. Et M. Conil le comprit, et c'est de cet accord tacite, qu'est sorti ce remarquable projet de contrat, que toute société ou toute commune pourrait assurément signer sans crainte de se compromettre.

La commune, se substituant dès lors à la société dans ce traité, bénéficierait de la situation extrèmement favorable qui a été faite aux souscripteurs du port; elle aurait l'avantage, sans avoir à se livrer à des études et à des pourparlers longs et ennuyeux, de traiter à coup sûr, et de se dire en signant le marché de MM. Conil et Lapeyre : « Je m'engage pour deux millions, il est vrai, mais j'ai la certitude d'avoir un port si j'ai à les payer effectivement. »

On remarquera en effet qu'il a été stipulé que la société du port n'aurait aucune avance à faire à MM. Conil et Lapeyre, que même ces derniers doivent fournir, à titre garantie, tout l'outillage et le matériel de dragage, lesquels jusqu'à concurrence de 300,000 francs ne peuvent leur être payés qu'après l'exécution du port. Cette première avance une fois faite, la société ne doit payer les nouveaux travaux faits qu'au fur et à mesure de leur exécution et dans les termes stipulés par l'article 1° du traité.

Or, cet article énonce que la totalité de la somme de 2,082,500 francs, prix moyennant lequel MM. Conil et Lapeyre s'engagent à forfait à livrer le port de Saint-Pierre terminé, sera payable savoir :

900.000 fr.	pendant trois ans au fur et à mesure des travaux exécutés sans dépasser 300.000 francs par an ;
300.000 »	représentant le capital de garantie aussitôt les plans exécutés ;
400.000 »	six mois après l'exécution des plans ;
482.500 »	un an après l'exécution des plans.

—————————

2.082.500 fr.   Total.

Indépendamment de ce prix total, il est bien dit que MM. Conil et Lapeyre auraient droit, à titre de prime, au dixième du capital social ; mais, comme équivalent, la commune pourrait donner au même titre le dixième des revenus annuel° du port pendant tout le temps de la concession.

Si la commune de Saint-Pierre intervient dans le traité Conil, elle n'aura donc à s'occuper, pendant toute la durée des travaux du port, que du paiement des 300,000 par an pendant trois ans, soit de 900,000 frans ; et elle pourra d'autant plus les payer sans appréhension, qu'elle aura toujours le matériel de garantie pour se couvrir de toute perte, au cas où les entrepreneurs ne termineraient pas les travaux du port.

Quant aux 1.182.500 francs qui restent, elle ne devra se préoccuper de leur paiement que du jour où elle sera propriétaire d'un port. Et nous le demandons en vérité, de quel poids pourra être une semblable dette pour le budget de la commune, quand elle aura à son actif un port dont les revenus considérables peuvent être établis dès maintenant d'une façon certaine, et dont elle pourra certainement faire cession à ce moment, à des prix autrement rénumérateurs que celui qu'il aura coûté en dernier lieu.

§ 3.

UN EMPRUNT DÉJA FAIT.

Nous le disons donc, le seul souci que nous puissions avoir est de faire face aux 300,000 francs que nous aurons à payer annuellement pendant trois ans.

300,000 francs ! Mais nous ne rêvons pas ! C'est bien cette somme qu'on affecte aujourd'hui à des reverbères, à des ouvertures de ruelles et de rues, à des renouvellements de canaux qui peuvent encore durer. 300,000 francs ! mais ce chiffre est-il réellement si inusité pour le budget de la Commune, qu'il puisse nous effrayer et même qu'il ne puisse se répéter en trois annuités? Mais le Conseil municipal ne nous a-t-il pas prouvé avec quelle facilité et de quel cœur léger nous pouvions nous lancer dans de telles obligations !

Quoi ! notre pauvre commune est à la veille d'être anéantie ! Une puissante combinaison financière grandit à nos côtés et tend à l'absorption de toutes nos forces productives ! Dans un avenir peu éloigné, quand le port de la Pointe des Galets et le Chemin de fer seront terminés, quand les épargnes de chacun, qui font après tout l'aisance générale, s'en iront aux mains de la compagnie étrangère sous forme de droits perçus, St-Pierre alors décentralisé, privé de son commerce maritime et de son mouvement qui font sa prospérité et sa richesse, rappellera peut-être cette vaste solitude qu'on nomme grand port dans l'île voisine, et dont M. le maire de St-Pierre a rapporté une si pénible impression lors de son voyage de Maurice !

C'est lorsque cette perspective terrifiante se montre devant nous, c'est quand toute la population intelligente songe et cherche à conjurer le danger que notre Conseil municipal a trouvé opportun de voter 300,000 francs pour l'embellissement de la ville !

Pauvre commune, sur laquelle plane une pensée de deuil et de mort, et qu'on pare ainsi de précieux joyaux pour ses derniers instants d'éclat et de prospérité !

Mais si dans de telles circonstances, il a été permis à Saint-Pierre d'affecter une somme aussi considérable à l'article toilette (qu'on nous passe l'expression), quelles seront donc ses facultés en matière d'emprunt lorsqu'il s'agira de conjurer la pauvreté et la ruine !

Dès maintenant, et à priori, sans étude de nos ressources

budgétaires, nous pouvons tirer la conséquence suivante du récent emprunt : c'est que notre commune a des ressources assez considérables pour emprunter 900,000 francs en cas de besoin réel, puisque dans les circonstances présentes, elle peut impunément affecter 300,000 francs à des travaux neufs comme des percements de rues, des réparations de canaux, des poses de reverbères ; toutes choses qui ne sont pas de première nécessité ou dont la nécessité cède le pas à celle de nos travaux maritimes ; dont l'urgence en tout cas devait être évidente pour notre administrateur aussi bien dans le passé qu'actuellement ; dont le besoin ne s'est fait sentir en somme qu'à la veille de la période électorale..........

> Trouvé par cet esprit d'imprudence et d'erreur
> De la chûte des rois funeste avant-coureur !

Nous n'entendons point baser notre argumentation sur ce simple raisonnement, et prouver que nous n'aurons à emprunter que 900,000 francs. Nous tenterons une étude de nos ressources communales, malgré le peu d'expérience que nous ayons de la vie municipale ; et nous garderons dans notre démonstration le chiffre de deux millions pour l'emprunt que nous serions exposés à émettre, bien qu'en réalité la dette de la commune ne pourra jamais arriver à cette somme, 1° puisque nous devrons faire d'année en année des emprunts partiels, et que chaque année la commune, ainsi que nous l'établirons, pourra affecter sur son budget une somme d'environ cent cinquante mille francs aux dépenses du port ; 2° puisque si nous sommes exposés réellement à payer deux millions par suite de l'achèvement du port, nous aurons ensuite pour le paiement de nos annuités les revenus de ce port qui nous permettront de renoncer aux prélèvements op'rés sur le budget ordinaire de la commune ; puisqu'en un mot ces annuités deviendront par la suite la dette spéciale du port, et que la commune sera libre alors d'affecter tous les fonds de son budget ordinaire à toutes les améliorations de services et tous les embellissements possibles.

Comme on le devine dès lors, dans l'hypothèse d'un emprunt pour le port, nous comptons comme nulle et non avenue l'affectation faite aux 300.000 francs du récent emprunt. Le Conseil municipal leur donnerait une destination nouvelle. Les reverbères, les rues à percer, les canaux à remplacer, les grandes voies à ouvrir seront quittes pour céder leur tour de rôle aux travaux du port, et nul doute que nous trouverons en eux assez de bonne grâce pour accepter sans murmurer le sacrifice que nous leur demanderons. Les reverbères se résigneront à ne nous apporter leur agréable lumière qu'à l'époque où le bassin de notre port en aura lui-même ! Les rues et les ruelles ne se perceront qu'au moment où la circulation devenue plus pressante par suite de notre nouveau mouvement maritime prouvera elle-même la nécessité de les ouvrir ! Les canaux iront tant bien que mal pendant quelques années encore, sauf à les remplacer en même temps que seront établis ceux que demandera l'alimentation du port ! Cela n'empêchera point la commune de doter la ligne des Bambous et certaines autres régions des prises d'eau dont elles ont le plus urgent besoin et auxquelles elles ont droit. Il est du devoir de la commune de réparer les conséquences de l'inéquitable distribution d'eau faite aux lignes de Quatre-Cents et de Six-Cents, au sujet de laquelle nous avons vu dans le *Travail* se produire dernièrement les plus légitimes protestations. Mais pour donner l'eau à ces localités il ne faut pas 300,000 francs. Et pourquoi ne pas attribuer à l'achèvement de nos travaux maritimes tout ce que nous pourrions disposer sur cette somme?

§ 4

Prélèvement à opérer sur le budget actuel.

Avec son budget actuel, il est certain que la commune ne pourrait affecter chaque année une somme de 125.000 ou de 150.000 francs au paiement des annuités d'une dette de deux millions, sans porter un bouleversement général dans l'ensemble des dépenses ordinaires de la commune. Les allocations faites à divers services, notamment celles qui concernent l'instruction publique, seraient considérablement atteintes. Ce n'est point ainsi que nous désirons procéder.

Il est certain que de fortes économies devront être faites sur le budget actuel, pour qu'elles puissent toujours permettre un prélèvement annuel de soixante à quatre-vingt mille francs au moins.

Pour atteindre ce chiffre, le Conseil municipal ne devra pas hésiter à réduire les allocations faites au maire, qui atteignent 12.000 francs environ, et qu'en temps ordinaire notre commune est assez riche pour payer. Mais dans les circonstances actuelles, ne serait-ce pas au premier magistrat de la cité à donner l'exemple du désintéressement et du dévouement à la chose publique, quand ses fonctions sont réputées gratuites ? C'est au point de vue du principe que nous posons cette question, et elle concerne aussi bien le maire actuel que celui qui pourra lui succéder.

Quelques allocations de l'Instruction publique devront aussi disparaître pendant toute la durée des travaux du port, et, de grâce, que l'on ne nous accuse pas pour cela de vouloir favoriser l'obscurantisme ! Mais nous serions d'avis, si ce sacrifice était absolument nécessaire, de supprimer tout le chapitre des subventions, moins les 8.000 francs donnés à un professeur de mathématiques et les 800 francs accor-

dés à une institutrice laïque, ce qui ferait prévoir une économie de dix mille francs au moins sur ce chapitre. Mais on
pourrait toujours supprimer les subventions pour prix, et
notre jeunesse sera quitte pour se contenter de couronnes
pendant quelques années.

La création, des bourses soit, pour le Lycée, soit pour l'insti-
tution Barquisseau, serait laissée pendant la période des travaux à l'initiative des sociétés philanthropiques de la commune ; et nous sommes certain que la jeunesse solliciteuse des
secours de la commune n'en souffrira pas, parce qu'on ne
s'adresse jamais en vain aux sentiments généreux de notre
population. Nous en avons une preuve dans le nombre de ces
sociétés qui existent actuellement. Une économie est donc
à prévoir encore de ce chef.

Les sommes affectées chaque année aux travaux publics,
et qui rentrent dans le budget de 1878 pour 42.333 francs,
seront presque exclusivement affectées au service de la dette
du port. Où trouverions-nous des travaux nouveaux plus ur-
gents à faire que ceux que réclame le creusement de notre
bassin ?

Peut-être même arriverions-nous à glaner dans les allocations ordinaires faites à l'entretien des établissements publics,
des rues, des chemins, si notre commune, à l'instar de toutes
celles de France, se décide à préconiser le système des
prestations en nature, mises comme contributions à la charge
de chaque habitant, système fort en honneur dans la métropole, qu'autorise la loi du 21 mai 1836, et auquel, suivant une
récente statistique, la France a été redevable, de 1836 à
1861, de 220.000 kilomètres de chemins et de 146.000 aque-
ducs ponceaux ou ponts. Avec ce système, un pont nous uni-
rait bien vite à l'Entre-Deux, qui, par son isolement, tend à
se séparer de la commune mère.

Les concessions des eaux du Canal St-Etienne, ce Pactole de notre budget, donnent une recette d'environ 60.000 francs, bon an mal an. Une nouvelle révision de ces concessions fournirait à la commune un contingent de recettes nouvelles au profit du port. Au lieu de laisser la règlementation des concessions et des prises d'eau à un agent voyer quelconque mal renseigné sur les droits de chacun et sur les mutations, la commune de Saint-Pierre pourrait imiter la commune de Saint-Denis qui vient de remettre ce service au contrôle des contributions directes, mesure sage dont cette dernière a tout lieu de se féliciter et qui lui vaut une augmentation de recettes, nous dit-on.

Partout, en un mot, où des économies pourront être faites, sur le chapitre des dépenses diverses comme sur les autres allocations spéciales de notre budget, il y aura lieu de les faire. Il nous serait trop long de passer en revue les divers articles qui les composent et de faire nos observations sur chacun d'eux. Certes les appointements des modestes employés, déjà insuffisamment rétribués peut-être, devront être respectés, et ce n'est pas au détriment des plus malheureux que le port doit être fait. Mais au désir de bien faire qui nous anime tous, il n'est pas, nous en sommes certain, d'employé modeste de la commune qui refuserait d'abandonner 4 ou 5 pour cent de ses appointements pendant 3 ou 4 ans, si on lui donnait l'assurance que Saint-Pierre aurait enfin son port. Mais à Dieu ne plaise que nous ayons recours à de tels sacrifices ! Nous sommes heureusement en état de ne pas les demander.

Donc nous prendrons à notre budget actuel 60 à 80.000 francs pour le service de nos annuités. Le reste nous sera fourni par les centimes additionnels.

Mais qu'entend-on par ces centimes additionnels dont on nous a tant parlé ces temps-ci ?

§ 5

CENTIMES ADDITIONNELS

Les communes n'ont pas le droit de créer des taxes nouvelles, mais elles peuvent toujours, quand leurs besoins le réclament et que les plus imposés de leurs contribuables y consentent, se grever extraordinairement en votant des surtaxes mobiles au principal des contributions directes, même au-delà de celles qu'autorisent différentes lois.

Une forte partie de ces contributions directes forme, on le sait, la totalité des ressources communales avec les droits propres aux communes comme ceux d'octrois, de marchés, d'abattoirs, de prises d'eau, de cimetière, etc. Les contributions susceptibles de ces surtaxes sont pour nous : 1° l'impôt local sur les maisons et emplacements, qui remplace imparfaitement l'impôt foncier de la métropole, 2° la contribution personnelle dont il est attribué à la commune les trois cinquièmes de la recette, 3° l'impôt sur les voitures dont il nous est laissé un tiers, 4° les patentes dont il nous est donné un dixième de la recette, et 5° enfin les licences de cantines et de dépôts de rhum qui nous reviennent en totalité.

Les surtaxes que les communes peuvent ajouter pour elles au principal de ces contributions, se désignent sous le nom de centimes additionnels, parce qu'ils s'établissent par fractions centésimales sur chaque franc de la contribution. Ils sont presque chose inconnue pour nos budgets, qui ne sont guère chargés en général. Mais il n'en est pas de même des communes métropolitaines, où règne d'habitude un esprit d'initiative, qu'en raison de leur ancienneté elles possèdent mieux que nous. Toutes elles ne craignent point de devoir ni de se grever extraordinairement, parce qu'elles savent que l'impôt est une source de prospérité et de bien-être pour elles. Leurs municipalités tiennent à honneur de leur imprimer une direction salutaire. Plus expérimentées que les nôtres, elles ont assez de force et de volonté pour résister aux influences funestes qui, hélas! au sein des meilleurs conseils et dans les questions les plus graves, doivent toujours percer et se manifester pour la défense d'un intérêt particulier et quelquefois chimérique! Aussi, qu'une œuvre d'utilité communale soit digne d'être entreprise, que la nécessité leur en soit parfaitement démontrée, les ressources budgétaires sont aussitôt étudiées par ces municipalités, et, si les recettes ordinaires sont insuffisantes, les surtaxes sont bien vite édictées et frappées dans la mesure des forces de la commune.

Il nous a paru intéressant de rapporter ici divers renseignements, que nous puisons aux sources authentiques de la statistique, et que nous empruntons notamment à M. Paul Le Roy Beaulieu, le rédacteur de l'*Économiste français*. Par ces documents, on s'assurera que nous ne nous lançons point dans une voie inconnue, et qu'en créant aujourd'hui des centimes additionnels, même dans une forte proportion, nous ne faisons qu'imiter les communes de France, et prendre dans leurs mœurs ce que nous trouvons d'utile et de profitable pour nous.

Elles ont su, en effet, si bien mettre à profit la faculté qui leur a été laissée par certaines lois, de se grever extraordinairement, que les centimes additionnels forment, en France, le tiers du budget total des communes. D'après un récent rapport, consigné dans le *Journal officiel* du 25 septembre 1873, les communes de France, sauf Paris, avaient un budget total de 525 millions, dont 212 millions de recettes extraordinaires provenant d'emprunts et de vente d'immeubles, et 313 millions de recettes ordinaires. Sur ces ressources, les centimes additionnels aux contributions directes entraient pour 101 millions !

En ne nous arrêtant qu'à ce détail synthétique et en appliquant la même proportion au budget de la commune de Saint-Pierre, lequel, sans surtaxe, s'élévera toujours à 350.000 francs, on voit, par un calcul rapide, que déjà toute l'annuité nécessaire à un emprunt de deux millions pourrait être demandée à nos ressources extraordinaires, sans même employer celles du budget ordinaire de la commune.

En 1867, d'après un document officiel de l'époque, dans 22 départements, les centimes additionnels dépassaient cent à la contribution personnelle ; dans 12 il en était de même pour la contribution foncière ; et dans d'autres on voyait encore plus de cent centimes additionnels aux patentes et aux portes et fenêtres.

Or, les impôts continuant toujours à s'accroître suivant une loi devenue générale, il est probable, fait observer l'auteur plus haut cité, que bientôt l'ensemble des centimes additionnels sera de beaucoup supérieur au principal des contributions directes ; et les communes n'ayant qu'un prorata dans le principal des contributions directes, il arrive qu'elles perçoivent plus par la surtaxe que par l'impôt lui-même.

C'est ainsi que si nous voulions pousser les facultés de la commune jusqu'à leur maximum relatif, en prenant pour maximum des centimes additionnels le chiffre cent (bien que ce chiffre soit dépassé dans la métropole comme nous venons de le voir) nous arriverions à trouver des ressources considérables et tellement considérables, que nous nous croyons encore bien hardi en venant demander de les réduire à la moitié ou au tiers seulement pour avoir les nouveaux fonds nécessaires à l'achèvement de notre port. Pour établir des chiffres, nous prendrons les recettes prévues à notre budget de 1878, dont nous avons une copie sous les yeux :

1° La part attribuée à la commune dans la contribution personnelle, soit les trois cinquièmes, était de 32.048 francs.

Si on élevait les centimes additionnels à 100, on aurait sur cette contribution une recette nouvelle de   53.410 fr. »»

2° La part attribuée à la commune dans le principal de l'impôt des voitures, soit un tiers, était de 2.988 francs.

Si on élevait les centimes additionnels à 100 sur cette contribution, on aurait donc une recette nouvelle de . . . . . .   8.964   »»

3° Sur les patentes dont la commune a la dixième, sa part était de 6.932 francs.

Si on élevait les centimes additionnels à 100 sur cette contribution, on aurait donc une recette nouvelle de . . . . . .   69.320   »»

4° Sur les licences de dépôts de rhum et cantines, dont le produit attribué aux communes était de 27.487 francs, et se trouvait déjà surchargé de trente centimes additionnels figurant en chiffres ronds au budget pour 7.000 francs.

Il y aurait lieu de porter la différence entre ces deux sommes pour les 70 autres centimes additionnels qui nous resteraient à frapper, soit. . . . .   20.487   »»

5° Enfin pour l'impôt des maisons et emplacements dont le produit total appartient au budget colonial et dont le chiffre des recettes ne figure pas au budget de la commune, vu l'absence de surtaxes, nous avons pris les estimations du dernier recen-

A reporter. . . . .   152.151   »»

Report. . . . . 152.181 »»

sement cadastral pour nous en rendre compte. Ces estimations s'élevaient pour la campagne et la ville de Saint-Pierre à 3.700.900 francs.

A 50 centimes pour cent, cet impôt donnera donc la somme de 18.549 fr. 50.

En frappant cet impôt de 100 centimes additionnels nous aurons donc une recette de pareille somme, ci 18.549 50

Total des sommes que donneraient les cent centimes additionnels . . . . . . 170.730 fr. 50

Or, 170.000 francs d'une part pour les centimes addition-nels, et 70.000 francs environ d'économies qu'on pourrait d'autre part réaliser sur le budget actuel, on arrive à la somme considérable de 240.000 francs pour les annuités possibles à créer. Et avec des annuités semblab'es, ce ne sont plus deux millions que la commune pourrait emprunter, mais bien plus de quatre millions!

Nous sommes heureux de le constater. Il devient dès lors évident que la commune ne fera rien d'anormal en souscrivant à un central de deux millions; surtout quand les deux millions qu'elle peut s'engager à payer seront affectés à une entreprise nullement improductive, devant au contraire se payer d'elle-même par ses revenus; au point que les centimes additionnels créés n'auront plus leur raison d'être aussitôt l'exécution des travaux, et que, l'œuvre une fois terminée, la commune n'aura plus à s'imposer extraordinairement et qu'elle reprendra la disposition des fonds ordinaires de son budget dont nous avons demandé ci-dessus une attribution nouvelle.

On le voit, ce chiffre de deux millions qui effraie va se résoudre à peu de chose. Et les sacrifices auxquels se résignera la commune ne sont pas de ceux dont parlera l'histoire.

§ 6

ANNUITÉ

Il est certain que si la commune utilisait les ressources dont nous avons fait l'énumération dans le paragraphe précédent, la somme qu'elle pourrait offrir chaque année (près du quart de l'emprunt) lui permettrait d'amortir sa dette bien rapidement.

Mais où serait la nécessité de doubler sans transition tous nos impôts directs quand rien ne nous y oblige ? Pourquoi demander à notre budget tous ses éléments de production pendant les quelques années accordées à nos entrepreneurs pour terminer notre port ?

Nous n'avons à nous préoccuper que de former une annuité de 150.000 francs au plus, afin de prouver la possibilité d'amortir notre dette dans une période de vingt à vingt-cinq ans suivant le taux de l'émission. C'est la prudence seule qui nous demande d'élever à ce chiffre les ressources extraordinaires de notre budget ; la commune, on le sait, ne peut rien définitivement décider par elle-même, elle doit prévoir les objections qui lui seraient faites par le pouvoir à la sanction duquel il lui faudra soumettre son vote.

Si nous nous arrêtions, en effet, à la réalité des faits, il serait inutile de préparer une annuité de 150.000 francs pour amortir notre dette par des surtaxes d'ores et déjà établies, puisque les revenus du port seraient une prévision suffisante pour payer les 2.182.500 francs stipulés au contrat Conil et Lapeyre. Nous n'aurions, dans ce cas, qu'à prévoir à notre budget la somme indispensable pour servir les intérêts des

300.000 francs qui nous sont demandés annuellement pendant trois ans ; et, pour y faire face, les ressources actuelles de la commune sont suffisantes.

Mais la commune doit tout d'abord raisonner comme si le port ne lui sera d'aucun produit, et prouver que par les ressources qui lui sont propres elle peut éteindre rapidement une dette de deux millions. S'il en était autrement, et si l'on pouvait toujours contracter sur la foi de revenus futurs, le plus pauvre de nous pourrait se lancer dans les opérations les plus lourdes et les plus hasardeuses. Mais nous avons à compter avec le Conseil privé, et il y a lieu d'écarter d'avance toute objection.

Il ne nous faudrait pas non plus tomber dans un autre excès, et préparer, suivant nous, une annuité de beaucoup moindre de 150.000 francs : ce qui serait possible, en prolongeant la période d'amortissement. Les communes n'ont pas, comme l'Etat, le privilége d'émettre des emprunts perpétuels, ou amortissables en un temps tellement long qu'on puisse les considérer comme perpétuels. Nous devons prendre une courte période d'amortissement qui ne dépasse point cinquante ans environ. Et, dans l'espèce, avec une annuité de 150.000 francs et le taux sur lequel nous pouvons compter pour l'émission de nos emprunts, nous nous libérerons facilement en vingt-cinq ans.

La question qui nous occupe a, dès lors, son importance ; et c'est assurément par la création de cette annuité que la commune sera certaine d'avance d'obtenir pour son vote l'approbation de M. le Gouverneur en Conseil privé.

Pour former cette annuité, nous avons exposé qu'il serait nécessaire de demander 70,000 francs environ à notre budget ordinaire, et nous avons indiqué au § 4 les prélèvements que nous aurions le choix de faire.

On peut, en prenant le budget, se rendre compte des économies à réaliser, et de l'ordre à suivre en pareil cas. Évidemment ce ne serait qu'en dernière analyse que nous nous en prendrions aux subventions d'utilité communale, comme par exemple aux bourses, qui figurent en 1878 pour 2.000 francs et en 1879 pour 4.000 francs, sommes minimes qui pourraient être facilement respectées. Nous avons tenu à en parler pour prouver la possibilité de faire des économies nombreuses, économies qui nous donneraient avec tous les prélèvements au-delà de 70.000 francs, si nous les faisions toutes. Il appartiendra au prochain conseil municipal d'apporter toutes ses investigations dans le champ budgétaire, de manière à glaner les 70.000 francs qu'il nous faut demander à nos ressources ordinaires.

Il nous reste donc à proposer une répartition convenable des centimes additionnels sur nos divers impôts directs, afin de trouver les 80.000 francs qui nous manquent.

§ 7.

SURTAXES A CRÉER.

Suivant des relevés statistiques produits par M. Le Roy Beaulieu dans son traité des finances, nous voyons qu'en France les surtaxes portent principalement et de façon égale sur deux impôts directs: la contribution foncière et la contribution personnelle et mobilière ; puis, dans une proportion de moitié moindre, sur les deux autres impôts directs : les patentes et les portes et fenêtres.

De l'impôt personnel. — Nous ne serions point d'avis de faire porter principalement nos centimes additionnels sur cet impôt qui ne nous est guère sympathique en raison de son peu de proportionnalité et qui peut paraître encore lourd. Et pourtant l'arrêté local du 9 mars 1849 a eu soin d'édicter que toute surtaxe mise à la cote personnelle serait supportée par l'engagiste, le principal de la cote restant comme de droit à la charge de l'engagé. Mais il n'y a pas que les engagés qui rentrent dans la classe des prolétaires, et il en est parmi nous de plus besogneux qu'eux. Plus d'un père de famille doit se préoccuper du droit de capitation qu'il lui faut acquitter pour lui et les siens.

En France, les centimes additionnels peuvent porter principalement sur l'impôt personnel, parce qu'à cet impôt se lie intimement l'impôt mobilier qui existe dans la métropole mais non dans les colonies. Et il est constant que les centimes additionnels frappent en général la fraction propre à l'impôt mobilier. Nous pouvons donc ne pas nous rapporter à la proportion relevée par la statistique.

Mais nous pourrions nous contenter de grever cet impôt de centimes facultatifs, c'est-à-dire des centimes que la commune peut voter pour ses besoins *motu proprio* et sans le concours des plus imposés.

Aux termes du décret du 7 avril 1878, ces centimes facultatifs peuvent s'élever jusqu'au cinquième en sus du principal, tant pour la cote personnelle que pour l'impôt des maisons. C'est la seule restriction que nous ayons trouvée dans notre droit local à la faculté laissée aux communes d'émettre des centimes additionnels. Il semblerait donc résulter que pour l'impôt des voitures et les patentes, nos communes resteraient libres de pousser ses surtaxes au-delà du cinquième en sus du principal; et c'est ainsi que nous voyons dans notre budget trente centimes additionnels figurer aux licences de cantines et de dépôts de rhum, sans qu'à notre connaissance les plus forts imposés dans ce rôle de contributions aient été consultés.

Quoi qu'il en soit, nous sommes d'avis que les plus forts imposés dans chaque classe de contributions soient appelés à donner leur avis sur les surtaxes projetées. Rien ne doit se faire dans cette question sans l'avis des intéressés, ou tout au moins des plus intéressés, qui, par suite, représentent les autres.

En élevant de vingt pour cent, c'est-à-dire en frappant de centimes facultatifs le principal de la cote personnelle, nous aurons donc une prévision de 10.682 fr., ci.   10.682 fr.

De l'impôt des maisons. — Cet impôt peut être considéré comme très-faible dans notre pays.

Les estimations cadastrales sont de moitié de la valeur réelle des immeubles; l'impôt, élevé d'abord à 0 73 centimes pour cent, est retombé depuis peu à 0 50ᵉ pour cent de la valeur imposée; de sorte qu'en réalité le propriétaire ne paie qu'un quart pour cent à titre d'impôt.

Or, qui bénéficie des travaux entrepris par les pouvoirs publics, si ce n'est la fortune territoriale? A qui profitera le port, si ce n'est à la propriété foncière, qui trouvera dans une plus value certaine une large compensation aux nouvelles charges dont nous allons l'imposer? Ne lui appartient-il pas dès lors de supporter la plus forte part des surtaxes à créer, et pourra-t-elle jamais regretter le faible supplément d'impôts que nous venons lui demander ?

Le Conseil municipal de la commune pourrait donc voter de lui - même les vingt centimes ordinaires et facultatifs autorisés

A reporter . . .   10.682 fr.

Report . . . 10.682 fr.

par l'arrêté précité, et prendrait l'avis préala-
ble des plus imposés de la commune pour
quatre-vingts centimes extraordinaires.

Nous sommes autorisés à inscrire d'avance
le consentement du plus imposé de la commune au rôle des maisons et emplacements,
au sujet de cette surtaxe extraordinaire.

Cet impôt serait donc doublé à notre profit et nous aurions ainsi une prévision de
18.549 francs 18.549

Des patentes. — Cet impôt est relativement
le plus élevé de ses contributions directes.
Mal assis et nullement remanié depuis le décret du 22 juin 1838, il demande de sérieu-
ses réformes. De plus, il est déjà frappé de
quelques centimes additionnels au profit du
service local et de la Chambre de commerce.
Et, bien que le patenté soit aussi intéressé, si
ce n'est plus, à la création du port que le
propriétaire foncier, nous demanderons,
pour ces raisons, que cet impôt ne soit élevé
que de cinquante centimes additionnels com-
munaux.

Nous aurons donc ainsi une prévision de
34.665 francs 34.665

Des licences et dépôts de rhum. — Cet impôt
rentre dans la classe des patentes, nos observations seront à peu près les mêmes, et
nous demanderons la même surtaxe de 50
centimes pour cet impôt.

A reporter . . . 63.896 fr.

Report . . .   63.896 fr.

Pour nous conformer au calcul précédemment fait en raison des trente centimes additionnels déjà existants, nous garderons donc une simple prévision de 6.743 francs. . . .   6.743

De l'impôt des voitures. — Cet impôt concerne principalement la classe aisée. Nos grands propriétaires, qui le paient dans une forte proportion, sont les plus intéressés à la création du port. Nous pouvons donc élever jusqu'à cent les centimes de cet impôt, pour atteindre les 80.000 francs auxquels nous visons, ou si nous l'élevons de moins, il nous serait facile d'augmenter de peu la surtaxe déjà indiquée pour les autres impôts.

Elevé de cent centimes, cet impôt nous donnerait donc 8.964 francs 8.964

Total des surtaxes à créer. . . . . . .   79.603 fr.

Tels sont les chiffres que nous avons voulu produire à l'appui de notre argumentation, et que nous offrons comme cadre à la discussion de tous.

Certes, le Conseil municipal pourra remédier à tout ce qui lui apparaîtra de défectueux dans notre projet. Certes, le chiffre de notre annuité peut-être changé ; les économies à faire, les prélèvements à opérer sur notre budget ordinaire peuvent ne pas être ceux que nous indiquons ; on peut modifier la quotité des surtaxes dont nous demandons l'application ! Mais une vérité incontestable ressortira de notre étude, c'est que nos ressources sont immenses, c'est que nous disposons de moyens considérables ; c'est qu'en les utilisant dans une mesure sage et raisonnée, nous pourrons terminer nos travaux maritimes et lutter avec la Pointe-des-Galets pour la simple conservation de nos avantages économiques.

§ 8.

CONCLUSION.

En publiant ces réflexions, nous avons voulu rappeler l'attention publique sur cette question de port, si vitale pour nous, et dont l'indifférence des uns ou le mauvais vouloir des autres tend à dénaturer la portée.

Ce port, qui, dans le passé, était plus utile à la Colonie qu'à nous-mêmes, devient-il nécessaire pour nous seuls, aujourd'hui que la Pointe-des-Galets se change en établissement maritime, et qu'un chemin de fer va lui faire bénéficier de notre mouvement d'importation et d'exportation? Oui, incontestablement.

Ce port est-il impossible, et devons-nous renoncer à l'achever? Non, des études ont été faites, des devis sont prêts, au point que nos entrepreneurs les acceptent, et n'en font point d'autres.

Ce port, si nous l'achevons, nous donnera t-il des revenus suffisants pour nous couvrir des dépenses qui restent à faire? Assurément, nous pouvons nous rapporter aux produits connus des marines et nous contenter des prévisions qu'ils nous offrent.

La construction de ce port est-elle susceptible d'un prix à forfait? Des entrepreneurs s'offrent-ils de le terminer moyennant une somme fixée d'avance? Oui, le projet de marché est même déjà dressé, nous n'avons qu'à le modifier par suite de l'intervention de la commune.

Le prix, stipulé dans ce marché, est-il au-dessus des forces de la commune? Pouvons-nous craindre que nos ressources budgétaires s'opposent à la conclusion de cette affaire? Nous venons de démontrer le contraire.

La commune court-elle le moindre danger, en s'engageant à payer le prix des travaux du port? Est-elle exposée à débourser la moindre somme inutilement? Nous l'avons dit, si elle paie, c'est qu'elle sera propriétaire de son port.

Mais, puisqu'il en est ainsi, pourquoi le Conseil municipal n'entrerait-il pas dans la voie des réformes, pour permettre à la commune de contracter? Pourquoi cette grave question du port ne serait-elle pas mise résolument et ouvertement à l'étude? Quelles objections nous opposera-t-on encore? Nous nous sommes efforcé de les prévoir toutes.

Serait-ce pour cette dernière raison, qu'on a présentée quelquefois comme spécieuse? « Nous ne devons rien faire, parce que nos entrepreneurs ne feront rien eux-mêmes. » Le bel argument, en vérité! Et se peut-il qu'il se débite sérieusement? Mais si des raisons semblables peuvent enrayer les meilleures entreprises, il n'est plus possible de rien faire. Et d'ailleurs nous appartient-il de douter des autres et de suspecter leurs moyens d'exécution ?

M. Conil, qu'on s'en souvienne bien, n'a rien fait pour entrer en relation avec Saint-Pierre. Grâce à M. Désiré Barquissau, qui eut l'heureuse idée d'utiliser ses aptitudes et ses relations, c'est la commune qui est allée à lui.

A la première ouverture qui lui fut faite, M. Conil organisa à Paris une association de plusieurs industriels ou financiers, et au nom de son groupe demanda à la commune de lui céder la concession du port de Saint-Pierre pendant quelques mois, promettant de constituer dans ce délai le capital nécessaire à l'achèvement du port ; et, à l'appel de sa demande, il envoyait l'acte privé intervenu entre lui et ses associés.

Mais nous nous sommes dit aussitôt que l'entreprise du port était une opération très-fructueuse, et qu'il valait mieux que nous en bénéficiions. Une société locale s'est projetée et a sollicité de son côté la concession.

On a fait venir à grand bruit M. Conil de Paris pour traiter avec lui d'une manière ou d'une autre. C'est le conseil de commune qui l'a appelé, et quand il est arrivé, il ne s'est trouvé aucun représentant de ce conseil pour le recevoir.

On lui a voté des fonds pour l'indemniser de ses frais de voyage, et quand le voyage a été fait, on a pensé qu'on ne les lui devrait peut-être pas, et en tout cas, on ne s'est nullement pressé jusqu'ici de les lui offrir.

Bref, un traité fut signé entre M. Conil et les représentants autorisés de la future société. Et cette société ne s'est pas organisée, et nous n'avons point rempli nos engagements.

M. Conil pourrait être dé-illusionné à moins sur la valeur du marché saint-pierrois. Mais, malgré tout, il n'abandonne point la partie. Il est en droit de demander des indemnités, et il ne s'en soucie pas. Aux anciennes combinaisons dont nous ne voulons plus, il substitue de nouvelles mieux appropriées à nos situations, et comme toujours il est prêt. « Vous ne voulez plus du traité, dit-il en dernier lieu, je vous offre de trouver en quelques jours les fonds nécessaires à l'achèvement de votre port, seulement que la commune garantisse à ma société cinq pour cent de revenus. »

Et nous doutons encore des moyens de notre entrepreneur ! Et l'on s'ingénie à ne voir toujours en lui que le candidat de M. Fourton ! Mais, en vérité, où serait donc l'intérêt de M. Conil de se jouer de nous ? Pourquoi cherchons-nous à mêler la question politique à toute chose ?

Certes, M. Conil eut le tort, dans ce pays d'émancipation et de liberté, de se présenter sous le patronage du gouvernement de combat, et de vouloir faire échec à notre sympathique député, M. De Mahy, si bien connu de ses concitoyens. Tous ici nous l'en avons dissuadé ; et, après tout, Saint-Pierre lui répondit comme il devait le faire.

Mais c'est là un incident vidé et dont M. Conil devrait être le seul à garder mauvais souvenir, s'il n'était homme d'esprit. Revenons donc comme lui à nos affaires, sachons les faire avec intelligence et sans passion, travaillons à utiliser le concours que nous apporte notre entrepreneur, et rejetons bien loin ces objections ridicules, filles de l'apathie et de l'inertie !

Où en serions-nous si toujours de pareilles prophéties portaient leurs fruits ? Il y a soixante ans, dans cette même ville, un autre grand projet d'intérêt local occupait les esprits ; et nécessairement il avait ses partisans et ses détracteurs : « A quoi bon, disait-on, dépenser temps et argent pour un canal, puisque ce travail est matériellement impossible et que les eaux n'y viendront pas en tout cas ? » Et l'on discutait, et beaucoup hésitaient, quand enfin trois hommes de cœur, dont la mémoire est à jamais sacrée pour nous, se sont mis résolument à l'œuvre ; ils ont intrigué, ils ont obtenu l'autorisation nécessaire, ils ont sollicité des journées de travail. Le canal s'est creusé et s'est nivelé comme par enchantement. Bientôt les eaux, arrachées du torrent de la Plaine, ont circulé sur notre sol et y ont déversé la fécondité et la richesse. Des milliers d'hectares ont été rendus à la fertilité. Le prix de la terre a décuplé. Les propriétaires du sol irrigué, anciens partisans ou détracteurs du projet primitif, se sont enrichis. Le budget de la commune s'en ressentit lui-même, et s'est accru d'une rente annuelle de soixante mille francs par les redevances.

Eh bien ! il en sera de notre port comme de notre canal Saint-Étienne ! Que nous manque-t-il pour que nos travaux s'achèvent définitivement ? Un conseil municipal et un maire dévoués, pénétrés de l'importance de nos questions d'avenir, bien décidés à détourner dans la mesure de nos forces le danger qui nous menace, peu convaincus de l'éternité de nos marines auxquelles nous nous intéresserions les premiers si

elles devaient survivre, et peu portés à s'effrayer du travail,
des études et des démarches auxquels nous serons fatalement
conduits par la conclusion de notre marché !

Jules HERMANN.

Imp. DURVANT, Saint-Pierre, rue de la Plaine.

www.ingramcontent.com/pod-product-compliance
Lightning Source LLC
Chambersburg PA
CBHW051327060726
47596CB00004B/1509